Dentro de ecosistemas y los biomas

Debra J. Housel, M.S.Ed.

Life Science Readers:
Dentro de los ecosistemas y los biomas

Créditos de publicación

Directora editorial
Dona Herweck Rice

Directora creativa
Lee Aucoin

Editor asociado
Joshua BishopRoby

Gerente de ilustración
Timothy J. Bradley

Editora en jefe
Sharon Coan, M.S.Ed.

Editora comercial
Rachelle Cracchiolo, M.S.Ed.

Colaborador de ciencias
Sally Ride Science™

Asesores de ciencias
Thomas R. Ciccone, B.S., M.A. Ed.
    Chino Hills High School
Dr. Ronald Edwards,
    DePaul University

Teacher Created Materials

5301 Oceanus Drive
Huntington Beach, CA 92649-1030
http://www.tcmpub.com
ISBN 978-1-4258-3224-7
©2017 Teacher Created Materials, Inc.
Printed in China
51497

Índice

Las liebres de California viven en el desierto de Mojave. Es posible que creas que no hay mucha vida en medio del desierto. La liebre sabe más. Todos los días, la liebre encuentra plantas para comer. Come pasto, mezquite ¡y hasta cactus! También se debe cuidar de los **depredadores**. Los coyotes y las águilas comen liebres.

Hay mucha vida en el mundo de la liebre. Todos los seres vivos del desierto de Mojave dependen unos de otros para sobrevivir. La liebre necesita las plantas. Los coyotes necesitan liebres para comer. E incluso las plantas necesitan a los animales. En conjunto, las plantas y los animales forman un **ecosistema**. Un ecosistema incluye todas las plantas y los animales que necesitan unos de otros.

La cantidad de plantas y animales debe permanecer en equilibrio. Si hubiera demasiadas liebres, se comerían las plantas más rápido de lo que estas pueden volver a crecer. Si hubiera demasiados coyotes, también se quedarían sin comida.

◀ liebre de California

Los científicos observaron lo que sucedió cuando una pareja de alces nadaron hasta una isla llamada Isle Royale. En un plazo de 10 años, ¡había 3,000 alces! Pero como no había suficientes plantas para comer, comenzaron a morir. Luego llegó una pareja de lobos. Al comerse a los alces, la cantidad de lobos aumentó. Pero pronto había demasiados lobos y se murieron de hambre. Por un tiempo, quedaron 600 alces y 20 lobos en la isla. Esta era la cantidad adecuada para evitar que murieran de hambre.

Isle Royale

alce

lobos

aumento
de tamaño

disminución
de energía

aumento
de tamaño

disminución
de energía

En todos los ecosistemas hay pirámides de energía. Arriba, se ilustra una pirámide de energía. Muestra el intercambio de energía de una fuente de alimentos a otra.

Las plantas están en la parte inferior de la mayoría de las pirámides de energía. De hecho, sin las plantas, no habría vida en la Tierra tal como la conocemos. Las plantas utilizan la luz del sol para la **fotosíntesis**. Este proceso les permite producir y almacenar energía. También usan los nutrientes del suelo.

Los animales son **consumidores**. Una gacela y una cebra comen algo de pasto. Toman la energía y los nutrientes del pasto y la usan para correr, comer y aparearse. Luego, un león se come la gacela y la cebra. Usará la energía y los nutrientes que hay en ellas. La gacela y la cebra ya utilizaron un poco de la energía, y el león toma lo demás. Como puedes ver, la energía general disminuye a medida que aumenta el tamaño del consumidor.

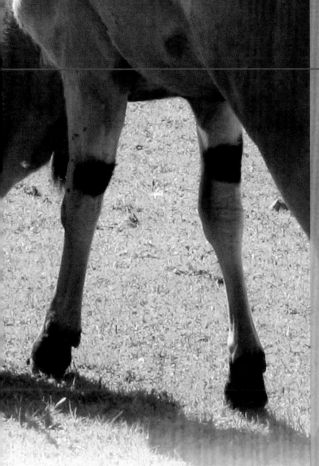

Finalmente, el león muere. Los **descomponedores** descomponen los restos del león. Estos hongos, bacterias y lombrices utilizan la energía y regresan los nutrientes al suelo. Cuando las plantas utilizan estos nutrientes, comienza una nueva pirámide de energía.

La mayor parte de la energía se pierde en cada paso de la pirámide. Solo una parte de la luz solar que llega a las plantas se convierte en energía. Los consumidores animales utilizan solo del 10 al 20 por ciento de la energía de los alimentos.

Los omnívoros son comunes

No hace mucho, los científicos descubrieron un nuevo dato: muchos animales son omnívoros. La mayoría de los animales se llamaban herbívoros o carnívoros. Los herbívoros comen plantas. Los carnívoros comen carne. Los omnívoros comen ambos. De hecho, es difícil pensar en un animal que solo coma plantas. ¡Los ratones, los avestruces, los saltamontes e incluso los venados a veces comen carne!

Esto también muestra que los ecosistemas son más complejos de lo que los científicos creían. Un animal que se cree que es herbívoro a veces también puede comer carne. Se creía que los ecosistemas tenían cadenas alimentarias, pero eso es demasiado simple. La mayoría de los ecosistemas tienen redes alimentarias, y la mayoría de los organismos comen muchas cosas diferentes.

La Tierra tiene muchas áreas diferentes llamadas **biomas**. Cada bioma tiene su propio **clima**. Por ejemplo, un desierto tiene clima seco y arena o rocas en lugar de tierra. Esto influye en la clase de plantas y animales que pueden vivir ahí.

La **altitud** y la **latitud** determinan los límites del bioma. La altitud mide la altura de un lugar. La latitud ayuda a determinar la temperatura de un lugar.

La altitud mide la altura sobre el nivel del mar. Influye en lo que puede crecer en ese lugar. Por ejemplo, los árboles crecerán solo hasta el límite de crecimiento de árboles en una montaña. Por encima de esa línea, el clima es demasiado ventoso y frío. La mayor parte de la tierra ha sido arrastrada por el viento y solo quedaron rocas. Solo pueden crecer plantas pequeñas en este bioma alpino. Aquí viven borregos, alces, chinchillas y aves, y comen estas plantas.

La latitud mide la distancia desde el **ecuador**. El ecuador es una línea invisible alrededor del medio de la Tierra. Cuanto más cerca está un lugar del ecuador, más caluroso es el clima. Cuanto más lejos está del ecuador, más frío es el clima.

La vida vegetal y el clima de un área reflejan su altitud y latitud.

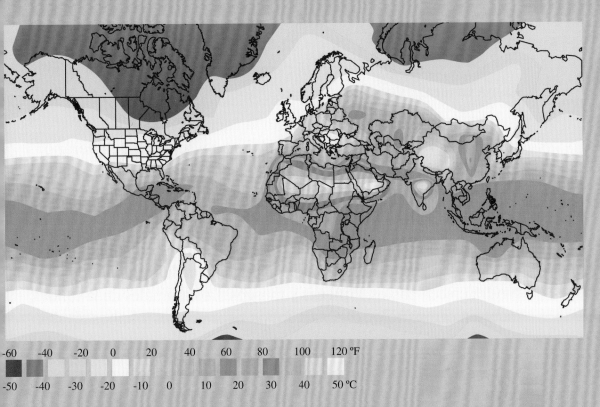

-60	-40	-20	0	20	40	60	80	100	120 °F
-50	-40	-30	-20	-10	0	10	20	30	40	50 °C

Puedes ver cómo los diferentes biomas parecen estar apilados uno encima del otro, como franjas alrededor del planeta. Cuanto más cerca están del ecuador, más altas son las temperaturas. Los biomas cálidos están cerca del ecuador. Los biomas más fríos están cerca de los polos.

En el extremo norte, los veranos son demasiado cortos y fríos para los árboles. Solo crecen pastos cortos, líquenes y musgos en el bioma de la tundra. Estas plantas pueden hacer la fotosíntesis a bajas temperaturas con largas temporadas de luz solar. Los caribúes se comen el pasto y los osos polares pueden comerse los caribúes.

 osos polares

Biomas terrestres

Tundra

En la cima del mundo, el clima es muy frío. Este bioma se llama **tundra**.

Vientos fuertes y fríos azotan la tundra llana. La capa superior del suelo se congela en invierno y se derrite en verano. Debajo de ella hay una capa llamada **permahielo**. Este suelo está congelado durante todo el año. El permahielo no permite el drenaje del agua. Así, se crean estanques y turberas.

Los árboles no pueden crecer en la tundra. Las raíces no pueden atravesar el permahielo. En cambio, en las regiones de tundra crecen pastos, líquenes y musgos. Los animales de la tundra incluyen campañoles, caribúes, lobos, osos polares y búhos nivales.

En la tundra viven pocas personas. Pero quienes viven ahí necesitan calor. Cuando el calor se escapa de los edificios, las carreteras y las tuberías, puede derretir el permahielo. Parte del permahielo se descongela a causa del **calentamiento global**, lo cual produce más estanques de lo usual. Durante los últimos 100 años, el permahielo ha retrocedido casi 50 millas hacia el norte.

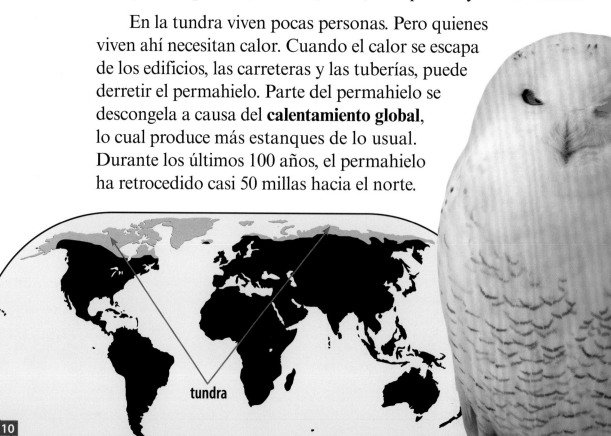

tundra

del mundo

¡Caribú!

Probablemente a estos animales los llamas renos. Cuando están en estado silvestre, se conocen como caribúes. Los caribúes se mueven en manadas por la tundra. Comen líquenes y pasto. Se trasladan en manadas para protegerse de los lobos y los osos polares. Los caribúes tienen dos capas de pelaje que los mantienen abrigados.

Un pequeño habitante de la tundra

La ardilla terrestre ártica pasa la mayor parte de la vida durmiendo en una madriguera justo encima del permahielo. Mientras duerme, vive de su capa de grasa. Cuando se despierta, tiene 90 días para aparearse, criar a sus crías y comer suficiente comida para generar una capa de grasa. ¡Para esto, debe trabajar al menos 17 horas al día! Luego, se acomoda para otra siesta de nueve meses.

búho nival

Taiga

Al sur de la tundra, se encuentra el bioma terrestre más grande. Se llama **taiga**. Los inviernos son largos y fríos. Los veranos son cortos y frescos.

En la taiga, pueden crecer árboles **de hoja perenne**. No pierden las hojas en el invierno. Los animales que necesitan árboles también pueden vivir en la taiga. Las aves anidan en los árboles. Los venados se esconden en la sombra.

La taiga abarca la mayor parte de Canadá, Rusia y China. Los osos pardos, las águilas, los venados y los murciélagos hacen hogares en estos bosques de pino. Este medio ambiente también tiene lagos, humedales y ríos.

taiga

oso negro ➡

Protección de la taiga original

La mayor parte de la Federación Rusa está cubierta por taiga. De hecho, la palabra *taiga* viene de Rusia. Significa bosque frío. La taiga rusa es el hogar de los zorros árticos, los osos pardos, los ciervos almizcleros y los tigres siberianos. Desafortunadamente, esta región única enfrenta graves amenazas. Los cazadores furtivos cazan animales de forma ilegal. Los leñadores también infringen la ley al talar árboles. El clima está cambiando debido a las ciudades cercanas. Los rusos no quieren perder la taiga. Han convertido casi cuatro millones de hectáreas de taiga en tierra protegida.

Oso negro

Hay algunos osos negros en la taiga. Comen salmón, venados y roedores. ¡También comen bayas, hojas, e incluso hormigas! Debido al frío de la taiga, los osos tienen que comer cualquier cosa para mantenerse calientes. Los alimentos agregan capas de grasa que los ayudan a mantenerse calientes. Los osos negros también son grandes y fuertes. Son tan grandes que ningún otro animal caza osos adultos. Esto los hace **depredadores ápice**. Estos depredadores aparecerán en la parte superior de una pirámide de energía.

bosque templado

Halcón peregrino

El halcón peregrino es el animal más rápido del planeta. Planea alto en el aire y luego se lanza hacia el suelo. Esto se llama caída. ¡Puede alcanzar una velocidad de 300 km/h (185 mph)! El halcón usa la caída para cazar. Por lo general, caza otras aves. Las atrapa en el aire. Los halcones peregrinos cazan palomas y patos en la naturaleza. Algunos halcones se han trasladado a las grandes ciudades. Viven en la cima de los rascacielos y cazan palomas.

halcón peregrino joven

Bosque templado

Un poco más al sur, el clima es más cálido. Hay cuatro estaciones en lugar de dos. Este es el **bosque templado**.

Algunos árboles y arbustos del bosque templado aprendieron un truco. Pierden sus hojas cada otoño. Las hojas se utilizan para recolectar mucha luz solar durante la primavera y el verano. La planta almacena la energía y la utiliza en el invierno. Se deshace de las hojas cuando no las necesita. Las plantas que cambian las hojas se llaman **deciduas**. Los árboles de arce, haya y roble son ejemplos comunes.

En estos bosques viven venados, mapaches, conejos y ardillas. También vive mucha gente ahí. De hecho, las personas han talado la mayor parte de los bosques para construir casas, granjas y huertos. Ahora, personas de todo el mundo están replantando árboles para reemplazar los bosques.

Trabajo en conjunto para salvar los pandas

El panda gigante, que se encuentra solo en China, necesita un tipo especial de bosque para vivir. Es un bosque de bambú. La mayoría de los bosques de pandas se han talado. Al principio, China declaró que era ilegal la tala de bosques o la caza de animales en el ecosistema. Los habitantes locales necesitaban alimentos y madera para generar calor. Entraron a las reservas a pesar de que era ilegal.

Ahora, en China se trabaja a fin de encontrar formas para que los habitantes locales también sean parte del ecosistema. Los habitantes tienen permitido tener granjas que no dañen el ecosistema. Utilizan estufas que queman *biogas* (gas producido de la descomposición de materia viva) en lugar de madera. Ahora los pandas y sus bosques deberían estar seguros.

bosque tropical húmedo

Bosque tropical húmedo

Cerca del ecuador, la temperatura promedio es cercana a los 77 °F todo el año. Llueve todo el tiempo. Aquí es donde se encuentran los **bosques tropicales**. La Amazonia en América del Sur es el más grande del mundo. Otros se encuentran en América Central, Asia, África y Australia.

Los bosques tropicales tienen *millones* de plantas y animales diferentes. Cubren menos del 7 por ciento de la tierra del planeta. Sin embargo, ¡albergan más de la mitad de las especies animales y vegetales de la Tierra! Las plantas y los árboles absorben dióxido de carbono. Debido a que este es uno de los gases que causan el calentamiento global, estos bosques ayudan a reducir el problema.

Geco de buena suerte

La mayoría de los reptiles son silenciosos. No es el caso del geco tokay. Chirría su propio nombre: "¡Tokay! ¡Gek gek!". Los gecos vienen del bosque tropical. Trepan árboles con las patas pegajosas. Utilizan la lengua larga para atrapar insectos en el aire. En el Sudeste Asiático, muchas personas dejan que los gecos vivan en sus casas. Los gecos trepan las paredes y comen insectos. Algunas personas dicen que traen buena suerte.

En la parte superior de un bosque hay un **dosel** de ramas de árboles que se superponen. Deja pasar poca luz solar. Las plantas del suelo del bosque se han adaptado. Muchas tienen hojas de tonos rojizos profundos para utilizar la poca luz que les llega. ¡Otras plantas atrapan y comen insectos!

Gran parte de los bosques tropicales ha sido destruida por las personas. Han cortado árboles para poner minas y para fabricar casas y muebles. Han construido carreteras, granjas y pozos de petróleo. En los últimos 30 años, se ha talado casi el 20 por ciento de los bosques. Los científicos creen que se **extinguen** *docenas* de especies del bosque tropical cada día.

El regreso del guacamayo jacinto

Esta hermosa ave azul estuvo a punto de extinguirse. Es tan bella que se volvió una mascota muy popular. Se capturaron miles de guacamayos jacintos en Brasil. Se vendían de forma ilegal.

Al mismo tiempo, los granjeros brasileños estaban talando árboles para crear campos de cultivo. Los guacamayos necesitaban los árboles para hacer nidos. Solo quedaban 2,000 aves. Algunos brasileños decidieron salvar al guacamayo jacinto. Clavaron cajas en las cimas de los postes telefónicos. Engañaron a las aves. Las aves creyeron que los postes eran árboles e hicieron sus nidos dentro de las cajas. Las personas convencieron a los granjeros de dejar algunos árboles para las aves. Ahora los granjeros están orgullosos de tener guacamayos jacintos en sus granjas.

mapa: pastizal

Pastizal

El **pastizal** es un bioma que se encuentra en áreas con veranos cálidos y secos e inviernos templados y húmedos. Este medio ambiente se encuentra en partes de los Estados Unidos, México y Chile, y en gran parte de Australia y África. Los pastizales cubren la cuarta parte de la Tierra. Todos los continentes, excepto la Antártida, los tienen.

En África, las cebras y las jirafas pastan en los pastizales. El bisonte una vez vivió en las planicies, o pastizales, de América del Norte. Ahora, ha sido reemplazado por las ovejas y el ganado. En todo el mundo, la gente ha convertido los pastizales en granjas para cultivar cereales.

Los pastizales tienen arbustos de hoja perenne que no crecen más de 10 pies. En algunos lugares, estos arbustos crecen tan cerca uno del otro que es difícil atravesar el área.

Mantén los ojos abiertos

La mariposa Meadow Argus vive en el interior de Australia. Como otras mariposas, bebe néctar de las flores. Debe estar atenta a las aves y otros depredadores. Afortunadamente, la Meadow Argus tiene un par de ojos de más. Los puntos negros de las alas confunden a los depredadores. Creen que los puntos son ojos. Esto hace que la mariposa se vea mucho más grande y más peligrosa. Si funciona, el depredador buscará alimentos que parezcan menos peligrosos.

En los pastizales no llueve con frecuencia. Los rayos suelen iniciar incendios que arrasan la tierra. Los incendios son frecuentes. De hecho, las plantas dependen de ellos. Los incendios despejan el área y liberan minerales al suelo. Después de un incendio, las semillas brotan rápidamente. El pasto también crece de su sistema de raíces, por lo que comienza a crecer pronto después de un incendio.

Elefantes y chiles

En Namibia, África, los granjeros tenían un problema con los elefantes. Los elefantes hambrientos rompían la cerca para llegar a los cultivos de los campos. Los granjeros intentaron de todo. Construyeron cercas más fuertes. Hicieron sonar campanas para asustar a los elefantes. Utilizaron alambre de púas. Nada pudo detener a los elefantes. Los granjeros tuvieron que pensar en algo mejor.

Entonces, alguien puso una cerca de sogas atadas a postes. Los granjeros se rieron. ¡Eso no detendría a un elefante! Pero los elefantes se mantuvieron alejados. No rompieron las sogas. Los granjeros querían saber por qué. Las sogas habían sido impregnadas con chile en polvo. A los elefantes no les gustaba el olor. Ahora, todos los granjeros cultivan un pequeño terreno de chiles para perfumar sus cercas y mantener alejados a los elefantes.

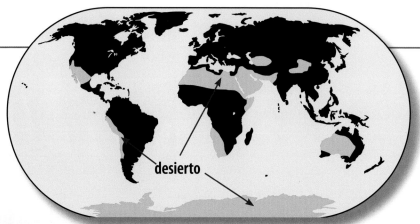

desierto

Desierto

En algunos lugares de la Tierra, casi nunca llueve. Las montañas obstruyen los vientos que traen las nubes de lluvia y la tierra es seca. Este bioma se llama **desierto**.

La mayoría de los desiertos son calurosos. Durante el día, el sol abrasa la tierra. ¡La temperatura puede alcanzar los 121 °F (50 °C) en la sombra! Por la noche, la temperatura disminuye casi hasta el congelamiento. Las plantas del desierto se han adaptado a estas condiciones hostiles. Algunas tienen largas raíces que buscan agua. Otras, como los cactus, almacenan agua en los tallos y las raíces. Tienen espinas que evitan que los animales obtengan esa agua.

Para evitar el calor, la mayoría de los animales del desierto duermen durante el día. En la noche, salen a buscar alimento. Algunos animales del desierto, como los camellos, pueden almacenar agua en el cuerpo. Otros, como el mochuelo de madriguera, obtienen líquido de los animales que comen. El diablillo espinoso de Australia se sienta afuera y deja que el rocío se acumule en su cuerpo. ¡La piel del diablillo lleva la humedad hasta su boca!

Los desiertos del mundo

Continente	Desiertos
África	Desiertos del Sahara y de Kalahari
Asia	Desierto de Gobi en China; desiertos arábigo e iraní en Medio Oriente
Australia	Gran Desierto de Victoria y Gran Desierto Arenoso
América del Norte	Desierto de Mojave, desierto Pintado y desierto de Baja California en los Estados Unidos y México
América del Sur	Desierto Patagónico en Argentina
Antártida	Todo el continente (casi nunca llueve ni nieva)

Suricatas

Las suricatas son pequeños roedores que viven en el desierto de Kalahari en África. Tienen que comer todos los días. Excavan en busca de insectos, roban huevos y comen escorpiones, con aguijón y todo. Son pequeñas, pero las suricatas trabajan en equipo. Un grupo de suricatas se llama colonia. Cuando la colonia va a buscar alimentos, una suricata vigila si hay halcones. Ladra cuando ve uno. Todas se esconden hasta que deja de ladrar. Además, una o dos suricatas se quedan atrás cuidando a los jóvenes de la colonia. El resto del tiempo, las suricatas juegan entre ellas. Luchan y se persiguen alrededor de las madrigueras.

Biomas acuáticos

Biomas ribereños

Las personas pueden tomar agua dulce, pero no agua salada. Los animales terrestres también necesitan agua dulce. Si bien la Tierra está principalmente cubierta por agua, solo el 3 por ciento es agua dulce. ¡Y la mayor parte está atrapada en el hielo polar! Por lo tanto, los biomas **ribereños** son valiosos. Tienen agua dulce corriente. Los ríos, los lagos y los estuarios son todos biomas ribereños. Contienen peces, patos, ranas y tortugas, así como espadañas y plantas acuáticas.

Algunos humedales también son biomas ribereños. Incluyen turberas con suelo empapado y ciénagas que tienen agua estancada durante parte del año. Los pantanos tienen agua con movimiento muy lento. Los humedales son importantes porque en ellos se almacena agua y evitan las inundaciones. Algunas plantas

↑ mapaches

del mundo

y animales solo viven en humedales, como las salamandras y los cocodrilos. Sin embargo, la gente ha drenado o rellenado miles de acres de humedales para construir casas, granjas y empresas.

Las proliferaciones de algas ocurren cuando se escurre el **fertilizante** de los jardines y las granjas y se acumula en los lagos o estanques. Las proliferaciones reducen la profundidad a la que puede llegar la luz. Lo peor es que las algas disminuyen los niveles de oxígeno del agua. Sin oxígeno, los peces no pueden vivir.

Amenaza de mosquitos

Los mosquitos se reproducen sin control cuando se drenan los humedales. ¿Por qué? Los mosquitos se reproducen en charcos de lluvia y estanques. Sin los humedales, no hay hogar para los depredadores que comen mosquitos. Cuando se recupera un humedal de 1,500 acres (607 hectáreas), ¡la cantidad de mosquitos disminuye un 90 por ciento!

Nueva York se pone en orden

La ciudad de Nueva York está construida en la ribera del río Hudson. El río fue la razón por la que se construyó allí la ciudad originalmente. Sin embargo, con el tiempo, la gente tomó malas decisiones y contaminó el río. Las fábricas vertían blanqueador y otros químicos al agua. Se decía que parecía una alcantarilla abierta. Entonces, decidieron limpiarla. Dejaron de construir fábricas al lado del río. Encontraron la forma de remover los químicos del agua. Ahora, hay más plantas y animales en el río. El Hudson pasó de ser una alcantarilla a ser un hermoso río nuevamente.

gran garza blanca

Biomas pelágicos

El agua salada cubre casi el 75 por ciento de la Tierra. Los océanos y los mares son biomas **pelágicos**. Estos biomas contienen vida de todas las formas y tamaños, desde plantas y animales microscópicos hasta la ballena azul, el animal más grande de la Tierra. Las algas marinas suministran gran parte del oxígeno del mundo y absorben enormes cantidades de dióxido de carbono.

Los arrecifes de coral son ecosistemas coloridos que se encuentran en partes cálidas y poco profundas del océano. Una de cada cuatro especies pelágicas vive ahí. Pero los arrecifes de coral son sensibles a la temperatura del agua. El calentamiento global ha calentado el agua de mar. Si no se enfría, todos los arrecifes de coral morirán en los próximos 50 años.

Arrecifes de coral

Un trozo de coral parece una roca extraña, pero en realidad es una colonia completa de animales. La parte dura, similar a una roca, es un caparazón de protección. Crece alrededor de animales microscópicos llamados pólipos. Se necesitan millones de pólipos para formar un arrecife de coral. El coral necesita agua para vivir. Si el agua se calienta demasiado, el coral se pone blanco y muere. Este proceso se llama blanqueo de corales. La parte blanqueada de un arrecife de coral nunca se recupera. El arrecife de coral más grande del mundo es la Gran Barrera de Coral en Australia. Recientemente, sufrió el peor blanqueamiento de coral en 700 años.

Visitas guiadas a las tortugas

Hay una playa especial cerca de Tortuguero, Costa Rica. En esta playa, las tortugas marinas salen del océano a cavar nidos y poner huevos. Algunos meses después, las crías de tortuga nacen y regresan al océano. Los habitantes de Tortuguero solían alimentar a sus familias cazando las tortugas y recolectando los huevos. Lo hacían muy bien. De hecho, demasiado bien. Cada año había menos tortugas. Estaban en peligro de extinción.

Los habitantes de Tortuguero decidieron hacer algo diferente. Dejaron de cazar tortugas. Dejaron de recolectar los huevos. En cambio, organizaron visitas guiadas a las tortugas. Gente de todo el mundo va a Tortuguero a ver las tortugas. La gente que vive ahí maneja los hoteles, las visitas guiadas y los restaurantes. Organizar visitas guiadas a los ecosistemas frágiles en lugar de cazar y recolectar los huevos se llama **ecoturismo**.

El mundo está lleno de ecosistemas y biomas diferentes. Cada uno tiene una mezcla de plantas y animales diferente. Un animal aparece en casi todos ellos: los seres humanos. Las personas como tú son parte del mundo natural. Y tú también eres parte del ecosistema en el que vives. Eres parte del delicado equilibrio que mantiene vivos a todos los organismos del ecosistema.

En todo el mundo hay ecosistemas que están en peligro de desaparecer. Como resultado, muchas plantas y animales están **en peligro de extinción**. Esto significa que hay tan pocos que la especie puede dejar de existir. El gran tiburón blanco y el oso panda están en peligro de extinción.

Si no somos cuidadosos podemos dañar los ecosistemas con la caza, la contaminación y la expansión de ciudades. Nuestro destino está ligado al de los biomas de la Tierra. Debemos hacer todo lo posible para preservarlos. Significa que debemos conservar el agua y reciclar el plástico, las latas, el vidrio y el papel. Debemos encontrar formas de reducir la contaminación y el calentamiento global.

Cosas que puedes hacer

- **Reducir** la cantidad de basura que tiras.
- **Reutilizar** el papel, los frascos y las cajas en lugar de tirarlos.
- **Reciclar** el plástico, el aluminio, el vidrio y el papel.
- **Limpiar** un humedal, un parque o un área silvestre.
- **Apagar** las luces cuando no las estés usando.
- **Sellar** las ventanas y las puertas de la casa que tienen ranuras.

Mamíferos marinos ahogados

¿Cómo duermen los mamíferos marinos? En el caso de algunas focas, solo la mitad de su cerebro duerme. De esa forma, la otra mitad del cerebro siempre está despierta para hacer que salgan a la superficie a buscar aire.

Con frecuencia, los delfines duermen mientras nadan. Los delfines adultos duermen de forma vertical, con el hocico en el aire. De lo contrario, flotan en la superficie del agua. Las crías de delfín siempre deben nadar o se hunden. Un delfín mamá no duerme profundamente. Se asegura de que sus crías salgan a la superficie a buscar aire.

El ahogamiento es una amenaza para las ballenas, los delfines y las marsopas del mundo. Quedan atrapados en las redes de pesca. Debido a que tienen pulmones para respirar, deben salir a la superficie a buscar aire. El estudio más reciente demostró que las redes de pesca matan alrededor de 300,000 mamíferos marinos al año.

Laboratorio:
Crear una proliferación de

En este experimento, el frasco es un cuerpo de agua dulce como un estanque o un lago. El fertilizante es el mismo que se escurre desde los jardines y los campos de los granjeros tratados con químicos cuando llueve. La luz del sol es la misma que brillaría sobre un cuerpo de agua dulce en la naturaleza.

Materiales

- agua dulce de un estanque o un lago
- algas (se recomienda una cucharada de algas de un estanque)
- bolígrafo
- cinta de enmascarar

- dos frascos de vidrio transparente limpios (de 16 onzas) con una tapa de metal a rosca
- fertilizante líquido de cultivos o para jardín
- medidor de ¼ de cucharadita

Procedimiento

1 Llena los dos frascos de vidrio con agua de un estaque o lago.*

Si no puedes obtener agua dulce sin químicos, puedes utilizar agua del grifo. Sin embargo, debido a que el agua del grifo está tratada químicamente, el experimento será más lento.

2 Coloca las algas en cada frasco.

3 Utiliza la cinta de enmascarar y el bolígrafo para rotular un frasco *Agua de estanque* y el otro frasco *Agua con fertilizante*.

4 Coloca $\frac{1}{4}$ de cucharadita de fertilizante líquido en el frasco rotulado *Agua con fertilizante*. Revuelve con la cuchara medidora.

5 Coloca ambos frascos bajo la luz solar.

6 Observa los dos frascos a diario y registra lo que ves en cada uno.

7 Después de una semana, coloca otro $\frac{1}{4}$ de cucharadita de fertilizante líquido en el frasco *Agua con fertilizante*.

8 Observa los frascos y registra las observaciones al final de la segunda semana.

Conclusión

Verás que las algas del estanque en el frasco *Agua de estanque* crecen a un ritmo normal. El agua debajo de las algas está relativamente transparente. Las algas del estanque en el frasco *Agua con fertilizante* crecen rápidamente y ocupan todo el espacio. El agua debajo de ellas está turbia y oscura. Si hubiera peces en ese frasco, morirían debido al sobrecrecimiento de las algas.

Glosario

altitud: la distancia de algo sobre el nivel del mar

biomas: áreas grandes que comparten el mismo clima general en cuanto a temperatura y precipitaciones

bosque templado: un bosque que crece en regiones con temperaturas moderadas

bosques tropicales: bosques con intensas precipitaciones anuales

calentamiento global: el aumento de la temperatura de la superficie de la Tierra causado por las crecientes cantidades de dióxido de carbono y otros gases en la atmósfera

clima: las condiciones habituales del tiempo de un lugar

consumidores: animales que comen

de hoja perenne: planta, árbol o arbusto que conserva las hojas durante todo el año

deciduas: plantas que cambian o pierden las hojas

depredadores: animales que cazan y comen otros animales (por ejemplo, un sapo es un depredador de insectos)

depredadores ápice: depredadores de la parte superior de la cadena alimentaria, no cazados por otros

descomponedores: lombrices, bacterias y hongos que descomponen plantas y animales muertos

desierto: una región seca y arenosa con pocas precipitaciones, temperaturas extremas y escasa vegetación

dosel: la capa más alta del bosque tropical formada por la copa de los árboles

ecosistema: la interacción entre una comunidad de plantas y animales que viven en un medio ambiente natural

ecoturismo: turismo a ecosistemas exóticos o en peligro para observar la vida silvestre o para ayudar a preservar la naturaleza

ecuador: una línea imaginaria alrededor del medio de la Tierra, en la mitad entre los polos norte y sur

en peligro de extinción: plantas o animales con pocos especímenes, por lo cual corren el peligro de desaparecer

extinguen: que desaparecen por completo; nunca más habrá plantas o animales de este tipo

fertilizante: una sustancia que se pone en los campos o los jardines para hacer que crezcan los cultivos o el césped

fotosíntesis: proceso mediante el cual las plantas producen su propio alimento

latitud: la posición de un lugar medida en grados al norte o al sur del ecuador

pastizal: tierra donde crece pasto o vegetación similar; se encuentra en áreas con veranos calurosos y secos e inviernos templados y húmedos

pelágicos: relacionados con las aguas del océano, que viven o que ocurren ahí

permahielo: una capa del suelo debajo de la superficie que se mantiene congelada por dos o más años en un área donde la temperatura promedio se mantiene por debajo de los 18 °F

ribereños: de, sobre o relacionados con la ribera de un curso natural de agua

taiga: bosques de pino que rodean la tundra; el bioma terrestre más grande de la Tierra

tundra: las áreas grandes y planas del norte de Asia, América del Norte y Europa donde, debido al frío, los árboles no crecen y la tierra debajo de la superficie está permanentemente congelada

Índice

Sally Ride Science

Sally Ride Science™ es una compañía de contenido innovador dedicada a impulsar el interés de los jóvenes en la ciencia. Nuestras publicaciones y programas ofrecen oportunidades para que los estudiantes y los maestros exploren el cautivante mundo de la ciencia, desde la astrobiología hasta la zoología. Damos significado a la ciencia y les mostramos a los jóvenes que la ciencia es creativa, cooperativa, fascinante y divertida.

Créditos de imágenes